AUF EINEN BLICK

Zeiten
DEUTSCH

www.pons.de/zeiten-azb
Hier finden Sie ein kleines Zeiten-Training.

Tempus der Gegenwart

Um über Gegenwärtiges zu sprechen, gibt es im Deutschen eine Zeitform: das Präsens.

Präsens

Bildung

Präsensstamm (= Infinitiv ohne die Endung **-(e)n**) **+ Personalendung**

Beispiel: **kommen**

	Präsensstamm	Personalendung	
ich	komm	**e**	Singular
du	komm	**st**	
er/sie/es	komm	**t**	
wir	komm	**en**	Plural
ihr	komm	**t**	
sie/Sie	komm	**en**	

Besonderheiten

Bei einigen Verbformen werden Buchstaben hinzugefügt oder weggelassen, damit man die Wörter gut aussprechen kann.

- **e-Einschub:** Verbstamm endet auf **-d**, **-t** oder auf einen Konsonanten (außer -l, -m, -n, -r) + **-m** oder **-n** → in der 2. Person Singular und Plural (**du**-Form und **ihr**-Form) wird vor der Personalendung ein **-e** eingefügt.
  du arbeitest – ihr arbeitet; du redest – ihr redet; du atmest – ihr atmet; du rechnest – ihr rechnet
  Ausnahme: Verben mit Vokalwechsel in der **du**-Form und in der **er / sie / es**-Form:
  laden: du lädst, er/sie/es lädt; halten: du hältst, er/sie/es hält; treten: du trittst, er/sie/es tritt
- **s-Ausfall** in der **du**-Form: Verbstamm endet auf **-(s)s, -ß, -x, -tz, -z** → Personalendung **-t**.
  du reist, du heißt, du mixt, du sitzt, du tanzt
- **e-Ausfall** in der **ich**-Form: Der Infinitiv endet auf **-eln** → vor dem **-l** steht kein **-e**.
  radeln: ich radle, segeln: ich segle
- **e-Ausfall** in der **wir**-Form und in der **sie**-Form: Infinitiv endet auf **-eln** oder **-ern** → das **-e** der Endung entfällt.
  wandern: wir/sie wandern, segeln: wir/sie segeln
- **e-Ausfall** in der **ich**-Form möglich: Infinitiv endet auf **-ern** → es darf ein **-e** vor dem **-r** stehen.
  wandern: ich wand(e)re, bedauern: ich bedau(e)re

Achtung!
tun: ich **tu(e)**, du tust, er/sie/es tut, wir **tun**, ihr tut, sie/Sie **tun**

Hilfsverben

Hilfsverben bilden das Präsens teilweise mit anderem Stamm.

	sein	haben	werden
ich	**bin**	habe	werde
du	**bist**	**hast**	**wirst**
er/sie/es	**ist**	**hat**	**wird**
wir	**sind**	haben	werden
ihr	**seid**	habt	werdet
sie/Sie	**sind**	haben	werden

Achtung! Verwechseln Sie **seid** nicht mit der Präposition bzw. Konjunktion **seit**.
Seit dieser Nachricht **seid** ihr so aufgeregt.

Verben mit Vokalwechsel

Die Verben dieser Gruppe gehören zu den starken (unregelmäßigen) Verben; sie wechseln im Präsens in der **du**-Form und in der **er / sie / es**-Form den Vokal des Verbstamms. Dazu gehören zum Beispiel:

a → ä fahren: Wir fahren mit dem Bus.
Fährst du mit uns?

au → äu laufen: Ich laufe noch schnell zum Bäcker.
Maria läuft zum Supermarkt.

e → i(e) stehlen: Ich stehle nicht. Aber Marie stiehlt Blumen aus fremden Gärten.
nehmen: Ich nehme heute den Bus.
Nimmst du auch den Bus?
treten: Ich trete immer nur den Ball, aber du trittst nicht den Ball, sondern mich!

Weitere häufig benutzte starke Verben mit Vokalwechsel:
essen, fallen, geben, halten, helfen, lassen, lesen, schlafen, sehen, sprechen, tragen, waschen

Achtung!
wissen: ich **weiß**, du **weißt**, er/sie/es **weiß**, wir wissen, ihr wisst, sie wissen

Modalverben

Modalverben gehören zu den starken Verben. Es gibt einen Vokalwechsel im Singular (außer bei sollen); die **ich**-Form und die **er / sie / es**-Form stehen ohne Endung.

	können	müssen	dürfen
ich	**kann**	**muss**	**darf**
du	kannst	musst	darfst
er/sie/es	**kann**	**muss**	**darf**
wir	können	müssen	dürfen
ihr	könnt	müsst	dürft
sie/Sie	können	müssen	dürfen
	wollen	**sollen**	**mögen**
ich	**will**	**soll**	**mag**
du	willst	sollst	magst
er/sie/es	**will**	**soll**	**mag**
wir	wollen	sollen	mögen
ihr	wollt	sollt	mögt
sie/Sie	wollen	sollen	mögen

Verben mit Präfix

Viele Verben stehen mit Präfixen (Vorsilben). Folgende Präfixe sind nicht nur im Präsens, sondern in allen Tempora **untrennbar** mit dem Grundverb verbunden. Man betont beim Sprechen das Grundverb, nicht das Präfix.

be-, emp-, ent-, er-, ge-, miss-, ver-, zer-

Lara **besucht** ihre alte Schule.
Ich **erzähle** dir alles, denn ich **vertraue** dir vollkommen.

Folgende Präfixe werden im Präsens und Präteritum **getrennt**, wenn kein Hilfs- oder Modalverb zusätzlich im Satz steht. Man betont beim Sprechen das Präfix und nicht das Grundverb. Das Präfix steht am Satzende.

ab-, an-, auf-, aus-, bei-, ein-, fest-, fort-, her-, hin-, los-, mit-, vor-, weg-, zu-, zurück-, zusammen …

Anne **kauft** Lebensmittel nur im Bioladen **ein**.
Anne **muss** heute Brot **einkaufen**.
Ich **komme** auf Ihr Angebot **zurück**.
Ich **mag** gerne auf Ihr Angebot **zurückkommen**.

Folgende Präfixe sind je nach Bedeutung **trennbar** oder **nicht trennbar** mit dem Grundverb verbunden.

durch-, hinter-, über-, um-, unter-, voll-, wider-, wieder-

umfahren: Achtung, **fahr** das Stopp-Schild nicht **um**!
um**fahren**: Bitte **umfahren** Sie das Stadtzentrum.

Gebrauch

- **Allgemeingültiges und Fakten**
  Für allgemeine Aussagen und Tatsachen.
  Die Sommermonate **heißen** Juni, Juli und August.
  Die BRD **ist** eine parlamentarische Demokratie.
  Viele Babys **wachen** schon um 5.00 Uhr **auf**.
- **Gegenwärtiges**
  Ein Geschehen läuft zum Zeitpunkt des Sprechens ab (a) oder wiederholt sich (b). Das Geschehen kann sich auch in die Vergangenheit (c) und in die Zukunft (d) erstrecken.
  (a) Was **liest** du denn da?
  (b) Gemüse **kaufe** ich stets auf dem Markt **ein**.
  (c) Es **regnet** schon seit Stunden.
  (d) Heute **fange** ich mit meiner neuen Diät **an**.
- **Zukünftiges**
  Man spricht über eine Handlung, die erst in der Zukunft beginnt. Oft steht zusätzlich eine Zeitangabe.
  Ich **schreibe** dir morgen eine E-Mail.
  Der Bundestag **beschließt** bestimmt wieder, die Steuern zu erhöhen.
  Am Samstag **will** ich mir ein Fahrrad kaufen.
- **Vergangenes (historisches Präsens)**
  Man erzählt ein vergangenes Geschehen im Präsens, damit es lebendiger wirkt. In dieser Funktion verwendet man das Präsens vor allem beim Sprechen.
  Ich **liege** endlich am Strand und **will** mich entspannen. – Da **kommt** ein Verkäufer und **bietet** Melonen **an**.
- Auch in fiktionalen Texten, Biografien und anderen berichtenden, unpersönlichen Texten benutzt man häufig das Präsens als Erzähltempus.
  Als es schließlich Nacht **wird**, **schleicht** die kleine Hexe in ihr Haus.
  Rudolf Diesel **wird** am 18.03.1858 in Paris **geboren**.
  Dann **endet** der zweite Weltkrieg, und mein Großvater **beschließt**, nicht nach Deutschland zurückzukehren.

Präzisierung durch Zeitangaben

Das Präsens steht sehr oft mit einer Zeitangabe. Die Zeitangabe macht deutlich, ob das Geschehen in der Gegenwart oder in der Zukunft stattfindet oder ob es in der Vergangenheit stattfand.

- ***Gegenwart:*** **gerade, jetzt, im Moment** etc.
  Ich kann **jetzt** nicht telefonieren, ich koche **gerade**.
  Karl liegt **im Moment** im Krankenhaus.
  Sarah nimmt **zurzeit** an einem Tanzkurs teil.
- ***Zukunft:*** **morgen, bald, nächstes Jahr** etc.
  Morgen gehe ich mit Jan ins Kino.
  Wo findet **im Jahr 2022** die Fußball-WM statt?
  Mario tritt **nächstes Jahr** eine Stelle in Berlin an.
- ***Vergangenheit:*** **gestern, letzte Woche, vorhin** etc.
  Letzte Woche bist du noch in Australien, und heute stehst du hier in Berlin auf dem Ku'damm. Wahnsinn!
  Gestern Abend um zehn Uhr will ich schlafen gehen. Da klingelt es an der Tür.

Präteritum

Das Präteritum benutzt man meistens **beim Schreiben**. Für die Bildung des Präteritums ist die Unterscheidung zwischen **schwachen** und **starken Verben** wichtig.

Bildung bei schwachen Verben

Präsensstamm + -t- + Personalendungen
-e, -est, -e, -en, -et, -en

ich leb**te**, du leb**test**, er/sie/es leb**te**, wir leb**ten**, ihr leb**tet**, sie/Sie leb**ten**

e-Einschub: Hier gilt dieselbe Regel wie beim e-Einschub im Präsens (**→ Seite 1**):
ich beend**ete**, du beend**etest**, er/sie/es beend**ete**, wir beend**eten**, ihr beend**etet**, sie/Sie beend**eten**

Bildung bei starken Verben

Zur Bildung der Präteritumformen der starken Verben muss man den **Präteritumstamm** kennen. Man kann ihn im Lexikon oder in Verblisten als **2. Stammform** (**→ Seite 2**) nachschlagen.

Präteritumstamm + Personalendungen
–, -st, –, -en, -t, -en

Starke Verben haben in der **ich-Form** und in der **er/sie/es-Form** keine Personalendung. Die anderen Personalendungen sind identisch mit den Endungen im Präsens. Beispiele:

fahren: Präteritumstamm: **fuhr**
ich fuhr, du fuhr**st**, er/sie/es fuhr, wir fuhr**en**, ihr fuhr**t**, sie/Sie fuhr**en**

bleiben: Präteritumstamm: **blieb**
ich blieb, du blieb**st**, er/sie/es blieb, wir blieb**en**, ihr blieb**t**, sie/Sie blieb**en**

Bildung bei Mischverben

Präteritumstamm + -t- + Personalendungen
-e, -est, -e, -en, -et, -en

bringen: Präteritumstamm: brach
ich brach**te**, du brach**test**, er/sie/es brach**te**, wir brach**ten**, ihr brach**tet**, sie/Sie brach**ten**.

Ebenso: brennen → brannte, denken → dachte, kennen → kannte, nennen → nannte, rennen → rannte, senden → sandte

Präteritumformen der Hilfsverben

	sein	haben	werden
ich	war	hatt**e**	wurd**e**
du	warst	hatt**est**	wurd**est**
er/sie/es	war	hatt**e**	wurd**e**
wir	waren	hatten	wurden
ihr	wart	hattet	wurdet
sie/Sie	waren	hatten	wurden

Gebrauch

- **Sachtexte:** Das Präteritum verwendet man in Protokollen, offiziellen Briefen und Zeitungsartikeln.
  An der Besprechung **nahmen** fünf Kollegen teil.
  Vor zwei Wochen **beschwerten** wir uns schriftlich.
- **Erzählende Texte:** z. B. in Romanen und Märchen.
  Dann **küsste** die Prinzessin den Frosch.
  Im März 2003 **war** Marcel ein unbekannter Mann. Dies **sollte** sich bald ändern. Er **hatte** einen Plan …
- **Beim Sprechen in förmlichen Situationen:** z. B. bei Befragungen, Vorstellungsgesprächen, in Reden.
  Wie lange **blieben** Sie 2005 in Berlin?
  Erst **arbeitete** ich im Einkauf, dann **versetzte** man mich in die Marketingabteilung.
  Unser Jubilar **kam** schon mit 5 Jahren in die Schule.

Die Hilfsverben **sein** und **haben** und die **Modalverben** werden auch **beim Sprechen** häufiger im Präteritum als im Perfekt benutzt.
Ich **war** gestern beim Arzt. (Seltener: Ich bin gestern beim Arzt gewesen.)
Martin **musste/wollte/konnte/sollte/durfte** noch **einkaufen**. (Seltener: Martin hat noch einkaufen müssen/wollen/können/sollen/dürfen.)

Stellung der Verben im Satz

Das **Prädikat** (die Satzaussage) kann aus einem Verb, aus mehreren Verbteilen oder aus mehreren Verben bestehen. Im Haupt- und Nebensatz sind für die Verben zwei Positionen reserviert: die 2. Position und/oder die letzte Position. Im Fragesatz ohne W-Fragewort und bei Imperativen steht das Verb in Position 1.

Prädikat mit einfachem Verb

	Präsens, Präteritum	Perfekt, Plusquamperfekt, Futur I
Hauptsatz und W-Fragen	Verb **in 2. Position** Goethe **kommt/kam** aus Frankfurt. Woher **kommt/kam** Goethe?	Hilfsverb **in 2. Position**, Partizip II bzw. Infinitiv **in letzter Position** Goethe **hat/hatte** auch in Weimar **gelebt**. Goethe **wird** keine Bücher mehr **schreiben**. Wann **ist** Goethe nach Italien **gereist**?
Nebensatz	Verb **in letzter Position** Man spricht von Mobbing, wenn Gruppen eine Person **attackieren**, die von ihrer Norm **abweicht**.	Hilfsverb **in letzter Position**, Partizip II bzw. Infinitiv **vor dem Hilfsverb** Mobbing wurde ein wichtiges Thema, weil immer mehr Betroffene davon **berichtet haben/hatten**. Mediziner warnen, dass immer mehr Menschen durch Mobbing **erkranken werden**.
Fragesatz ohne W-Fragewort	Verb **in 1. Position** **Verleiht** man den Nobelpreis jährlich?	Hilfsverb **in 1. Position**, Partizip II bzw. Infinitiv **in letzter Position** **Hat/Hatte** Mme. Curie den Nobelpreis **bekommen**? **Werden** auch Pädagogen den Preis **bekommen**?
Imperativ	*Nur im Präsens:* Verb **in 1. Position** **Seien** Sie vorsichtig! **Esst** mehr Obst!	*Der Imperativ ist nur im Präsens möglich.*

Prädikat mit trennbarem Verb

	Präsens, Präteritum	Perfekt, Plusquamperfekt, Futur I
Hauptsatz und W-Fragen	Grundverb **in 2. Position**, Präfix **in letzter Position** Wir **stehen/standen** immer früh **auf**. Warum **stehen/standen** wir immer früh **auf**?	Hilfsverb **in 2. Position**, Partizip II bzw. Infinitiv **in letzter Position** Wir **sind/waren** gestern früh **aufgestanden**. Morgen **werden** wir nicht früh **aufstehen**. Warum **sind** wir nicht später **aufgestanden**?
Nebensatz	Verb **in letzter Position** Einbrecher kommen oft samstags, wenn die Hausbesitzer **einkaufen**.	Hilfsverb **in letzter Position**, Partizip II bzw. Infinitiv **vor dem Hilfsverb** Versicherungen zahlen bei Diebstahl nur, wenn der Besitzer die Haustür **abgeschlossen hat/hatte**. Ich weiß, dass mein Agent bald **anrufen wird**.
Fragesatz ohne W-Fragewort	Grundverb **in 1. Position**, Präfix **in letzter Position** **Nehmen/Nahmen** Sie auch an dem Seminar **teil**?	Hilfsverb **in 1. Position**, Partizip II bzw. Infinitiv **in letzter Position** **Sind/Waren** die Teilnehmer schon **angereist**? **Werden** Sie sich auch nächstes Jahr **anmelden**?
Imperativ	*Nur im Präsens:* Grundverb **in 1. Position**, Präfix **in letzter Position** **Kommen** Sie doch bitte **herein**! **Schreibt** diesen Satz nicht **auf**!	*Der Imperativ ist nur im Präsens möglich.*

Prädikat mit mehreren Verben

Das Prädikat enthält ein **Modalverb + Infinitiv** oder ein **Vollverb + Infinitiv**.

	Präsens, Präteritum	Perfekt, Plusquamperfekt, Futur I
Hauptsatz und W-Fragen	Modalverb bzw. Vollverb **in 2. Position**, Infinitiv **in letzter Position** Hier **müssen/mussten** wir leise **reden**. Unsere Kinder **gehen/gingen** nicht gern **spazieren**.	Hilfsverb in **2. Position**, doppelter Infinitiv * bzw. Infinitiv + Partizip II * **in letzter Position** Ich **habe/hatte** dich nicht **sehen können**. Karin **wird** leider zum Arzt **gehen müssen**. Kurt **ist** gestern **spazieren gegangen**.
Nebensatz	Infinitiv vor Modalverb bzw. Vollverb **in letzter Position** Ich kann dich nicht abholen, weil ich das Auto in die Werkstatt **bringen muss/musste**. Ich weiß nicht, ob ich das Auto noch einmal **reparieren lasse**.	Hilfsverb vor doppeltem Infinitiv* **in letzter Position** Er kam nach Deutschland, weil er hier **hat/hatte arbeiten wollen**. Er ist in seine Heimat zurückgekehrt, als er dort bessere Zeiten **hat/hatte kommen sehen**. Ich weiß nicht, ob er seine Tochter zum Konzert **wird gehen lassen.**
Fragesatz ohne W-Fragewort	Modalverb bzw. Vollverb **in 1. Position**, Infinitiv **in letzter Position** **Darf/Durfte** ich dir diese Frage **stellen**? **Hörst** du den Wind **rauschen?**	Hilfsverb **in 1. Position**, doppelter Infinitiv * **in letzter Position** **Hast/Hattest** du jetzt schon deinen Sommerurlaub **buchen müssen**? **Hast/Hattest** du mich **kommen hören**? **Wird** er uns **zuschauen lassen**?
Imperativ	*Nur im Präsens, nicht bei Modalverben:* Vollverb **in 1. Position**, Infinitiv **in letzter Position** **Lass** ihn zu uns **kommen**!	*Der Imperativ ist nur im Präsens möglich.*

* **Anmerkung:** Den doppelten Infinitiv können neben den Modalverben nur die folgenden Verben bilden:

- Das Verb **lassen**. Wir lassen die Kinder spielen. → Wir **haben** die Kinder **spielen lassen**.
- Das Verb **brauchen**. Zusammen mit einem Infinitiv kann es **nur in verneinten Sätzen** stehen:
  Du brauchst nicht (zu) kommen. → Du **hast** nicht (zu) **kommen brauchen**.
- Die Verben **sehen, hören, fühlen, spüren** können mit Akkusativobjekt + Infinitiv auftreten.
  In den zusammengesetzten Zeiten stehen sie dann im Infinitiv.
  Ich sehe ein Unglück kommen. → Ich **habe** ein Unglück **kommen sehen**.

Tempus der Zukunft

Das Deutsche kennt zwei Futurformen: das Futur I und das Futur II. Mit beiden Zeitformen kann ein Geschehen in der Zukunft ausgedrückt werden. Futur I und Futur II haben aber zusätzliche Funktionen.

Futur I

Bildung

Präsensform von werden + Infinitiv des Vollverbs

Morgen **wird** es **regnen**.
Petras Eltern **werden** bald eine Weltreise **machen**.

Gebrauch

Das Futur I kann sich auf ein Geschehen oder eine Handlung in der **Zukunft** beziehen.

- **Prognose** (Vorhersage):
  Die Deutschen **werden** dieses Jahr mehr Geld für ihren Urlaub **ausgeben**.
  Am Wochenende **werden** die Temperaturen **sinken**.
  2020 **wird** es im Land weniger Geburten **geben**.
- **Versprechen**
  Dieser Fehler **wird** mir nicht noch einmal **passieren**.
  Ich **werde** dich bald in Dresden **besuchen**.
  Das **werden** wir morgen alles **besprechen**.
- **Intention** (Absicht, Plan)
  Bald **werde** ich viel Geld **verdienen**.
  Heute **werde** ich nichts **tun**.
  Dieses Jahr **werde** ich die Weihnachtsgeschenke rechtzeitig **einkaufen**.
- Mit dem Futur I kann man eine **Vermutung** über ein **Geschehen in der Gegenwart** ausdrücken. Meist steht in solchen Futur-Sätzen zusätzlich die Modalpartikel **wohl**.
  Kai ist heute nicht im Büro. Er **wird** wohl krank **sein**.
  Die Kollegen **werden** die neuen Pläne der Geschäftsführung (wohl) bereits **kennen**.

Es gibt einige Redensarten im Futur I, die eine **Drohung** oder **Warnung** ausdrücken:
Du **wirst** mich noch **kennen lernen**.
Er **wird** sich noch **wundern / umschauen**.
Du **wirst** schon **sehen**, was du mit deinem Verhalten anrichtest.

Mit „Du **wirst lachen**, ..." kann man ankündigen, dass man etwas Überraschendes erzählt.

Beim Gebrauch des Futurs I ist die **modale Bedeutung häufig wichtiger** als der Bezug auf die Zukunft. Was genau gemeint ist, kann man nur im textlichen Zusammenhang erkennen.

Alternative zum Futur I

Wenn man ein Geschehen in der Zukunft ohne modale Bedeutung (Prognose, Vermutung, Versprechen ...) ausdrücken möchte, benutzt man statt des Futurs I meistens das **Präsens**.
Die Zeitangabe, die im Satz auf die Zukunft verweist (z. B. morgen, nächste Woche, in 5 Jahren ...) macht deutlich, dass man die Zukunft meint.
Im nächsten Jahr wählt Deutschland eine neue Regierung.
Morgen fällt unser Deutschkurs leider aus.
Nächste Woche bleibt unser Geschäft geschlossen.

Wenn aber keine Zeitangabe dabeisteht, benutzt man das Futur I, damit deutlich wird, dass man sich auf die Zukunft bezieht.
Du hast so gute Noten. Du **wirst** die Prüfung sicher **bestehen**.

Futur II

Bildung

Präsensform von werden + Partizip Perfekt des Vollverbs + Infinitiv von haben oder sein

Ob man den Infinitiv von haben oder sein benutzt, folgt denselben Regeln wie bei der Bildung des Perfekts.
Am Ende meines Urlaubs **werde** ich den Eiffelturm **gesehen haben**.
Nach meinem Besuch in Paris **werde** ich mit der Metro **gefahren sein**.

Gebrauch

Das Futur II zeigt **Vorzeitigkeit** zum Futur I an: Ein Geschehen in der Zukunft liegt vor einem anderen Geschehen in der Zukunft, d. h. dieses Geschehen im Futur II liegt näher zur Gegenwart als das Geschehen im Futur I.

Bis Mai **werden** wir die Projektplanung **abgeschlossen haben**. Dann werden wir alle Mitarbeiter informieren.

Im Beispiel liegen sowohl die Planung des Projekts als auch die Information der Mitarbeiter in der Zukunft. Aber die Planung findet vor der Information der Mitarbeiter statt.

Das Futur II benutzt man auch für eine **Vermutung** über ein Geschehen **in der Vergangenheit**. Oft verwendet man dann zusätzlich die Modalpartikel **wohl**.

Er **wird** (wohl) schon ein Hotel **gebucht haben**.
(Man vermutet, dass er das Hotel schon gebucht hat.)
Er **wird** mit dem alten Fahrzeug (wohl) nicht viel Freude **gehabt haben**.
(Man vermutet, dass er nicht viel Freude mit dem Fahrzeug hatte.)

Weil man mit dem Futur II Geschehen ausdrücken kann, die in der Vergangenheit liegen, wird das Futur II manchmal auch Futurperfekt genannt.

Alternative zum Futur II

Das Futur II benutzt man beim Sprechen sehr selten. Es klingt umständlich und ist schwierig zu bilden. Stattdessen benutzt man lieber das **Perfekt**.

Futur II:
Bis du nach Hause kommen wirst, **werde** ich die Koffer **gepackt haben**. Und übermorgen um diese Zeit **werden** wir beide bereits in Spanien **angekommen sein**. Hurra!

→ Besser im Perfekt:
Bis du nach Hause kommst, **habe** ich die Koffer **gepackt**. Und übermorgen um diese Zeit **sind** wir beide bereits in Spanien **angekommen**. Hurra!

Achtung: Dann steht nicht Futur I im Nebensatz, sondern Präsens!

Passiv

Im **Aktiv** ist die Person oder die Sache, die aktiv ist, das Subjekt des Satzes.

Eine Pizzeria liefert uns das Essen.
Papa hat heute die Blumen gegossen.
(Die Pizzeria bzw. Papa ist bzw. war aktiv.)

In Passivsätzen betont man die Handlung bzw. den Vorgang. Wer bzw. was aktiv ist, ist unwichtig oder unbekannt, oder man will die Person nicht nennen.

Das Essen **wird** uns **geliefert**.
(Es ist unwichtig, wer uns das Essen liefert.)
Die Blumen sind heute **gegossen worden**.
(Es ist unwichtig, wer die Blumen gegossen hat.)

Man kann in einem Passivsatz den Handelnden mit **von** + **Dativ** nennen.

Das Essen **wird** uns *von einer Pizzeria* **geliefert**.
Die Blumen **sind** heute *von Papa* **gegossen worden**.

Mit allen **transitiven Verben** (Verben **mit Akkusativobjekt**) kann man Passivsätze bilden. Das Akkusativobjekt in einem Aktivsatz wird dann zum Subjekt im Passivsatz.

Herr Strom repariert bald **den Computer**.
→ Der Computer **wird** bald (von Herrn Strom) **repariert**.

Mit einigen **intransitiven Verben** (Verben **ohne Akkusativobjekt**) kann man ebenfalls Passivsätze bilden. Dann benutzt man das Pronomen **es** als Subjekt. Es steht in Position 1 des Satzes.

Es wird hier nicht **geduscht**.
Es wird sonntags nicht **gearbeitet**.
Es wird heute noch allen Kunden **geantwortet**!

Steht eine **Orts- oder Zeitangabe** oder ein **Dativobjekt** in Position 1, dann steht kein **es**. Solche Passivsätze besitzen kein Subjekt.

Hier wird nicht **geduscht**.
Sonntags wird nicht **gearbeitet**.
Allen Kunden wird heute noch **geantwortet**!

Man unterscheidet zwei Formen im Passiv: das **Vorgangspassiv** (werden-Passiv) und das **Zustandspassiv** (sein-Passiv).

Bildung des Vorgangspassivs

werden + Partizip II

Das Vorgangspassiv kann in allen Zeiten und Modi benutzt werden. Beispiele:

Die Torte **wird gegessen**. Die Torte **wurde gegessen**. Die Torte **wäre gegessen worden**.
Die Torte **wird gegessen worden sein**.

Das Vorgangspassiv kann auch mit **Modalverben** gebildet werden.

Modalverb + Partizip II + werden im Infinitiv

Der Täter **muss bestraft werden**.

In den zusammengesetzten Zeiten steht das Modalverb im Infinitiv. Achten Sie auch auf die Reihenfolge der Prädikatsteile: Hilfsverb + Partizip II + werden + Modalverb im Infinitiv.
Der Täter hat bestraft werden **müssen**.
Der Täter wird bestraft werden **müssen**.

Bildung des Zustandspassivs

sein + Partizip II

Deine Jeans **sind** jetzt **gewaschen**.
Die Koffer **waren** schon **gepackt**.

bekommen-Passiv oder Dativ-Passiv

Beim Sprechen benutzt man auch das so genannte **bekommen-Passiv** mit einigen Verben, die ein Akkusativobjekt und ein Dativobjekt bei sich haben, z. B. schenken, bringen. Das Dativobjekt im Aktivsatz wird im Passivsatz zum Subjekt, das Akkusativobjekt bleibt Akkusativobjekt.

bekommen + Partizip II + Dativ mit von

Aktivsätze: Ich bringe meinem Vater die Zeitung.
Kai schenkte mir einen Ring.
Passivsätze: Mein Vater **bekommt** von mir die Zeitung **gebracht**. Ich **bekam** von Kai einen Ring **geschenkt**.

In der Umgangssprache wird statt des Verbs bekommen auch häufig das Verb **kriegen** benutzt:
Ich **habe** einen Teddy **geschenkt gekriegt**.
Tanja **kriegt** das gestohlene Fahrrad von der Versicherung **ersetzt**.

Gebrauch

Passivsätze benutzt man oft in Zeitungsberichten, in der Amtssprache und in Sachtexten.

Bei der Demonstration **wurde** eine Person **verhaftet**.
Es **wurde festgestellt**, dass das Projekt nicht **realisiert werden kann**.

Das Zustandspassiv benutzt man meistens im Präsens oder Präteritum. Mit dem Zustandspassiv wird nicht der Vorgang, sondern das **Ergebnis einer Handlung** betont.

Der Antrag **ist abgewiesen**.
Die Tür **war** immer **abgeschlossen**.

Alternative zum Passiv

Wenn man kein Passiv verwenden möchte, kann man auch einen Aktivsatz mit dem Pronomen **man** konstruieren.

Hier **wird** ein neuer Kindergarten **gebaut**.
→ **Man** baut hier einen neuen Kindergarten.

Passivsätze mit **müssen** werden manchmal durch die Konstruktion mit **gehören + Partizip II** oder mit **sein + Infinitiv mit zu** ersetzt.

Diese Tat **muss bestraft werden**.
→ Diese Tat **gehört bestraft**.
→ Diese Tat **ist zu bestrafen**.

Modus

Mit dem Modus drückt man aus, ob eine Aussage als real oder fiktiv, als Wille oder (unerfüllbarer) Wunsch, als die eigene Meinung oder die Meinung anderer Leute gemeint ist. Im Deutschen gibt es drei Modi: **Indikativ** (Wirklichkeitsform), **Konjunktiv** (Möglichkeitsform) und **Imperativ** (Befehlsform).

Imperativ

Man benutzt den Imperativ für **Befehle**, **Bitten**, **Vorschläge**.

Bildung

Imperativ Singular:

Präsensstamm (→ siehe Seite 2)

Man spricht zu einer Person, die man duzt: ein Familienmitglied, ein Freund, ein Kind.
Komm! Fahr! Lass! Lauf! Schlaf! Wasch!

Besonderheiten:

- Verben mit **e-Einschub** im Präsens (→ Seite 1) und Verben, die im Infinitiv auf **-eln, -ern** oder **-igen** enden: **-e** wird an den Präsensstamm angehängt.
  Arbeit**e**! Atm**e**! Samm(e)l**e**! Bedau(e)r**e**! Reinig**e**!
- Verben mit **Vokalwechsel** von **-e** zu **-i** im Präsens: Imperativ = du-Form **ohne -st**
  Gib! Nimm! Befiehl!
- **Achtung:** Imperativ Singular von sein: **Sei!**

Imperativ Plural:

ihr-Form im Präsens ohne Pronomen

Man spricht zu mindestens zwei Personen, die man duzt: Familienmitglieder, Freunde.
Kommt! Fahrt! Esst! Nehmt! Redet!

Höflicher Imperativ:

sie-Form im Plural im Präsens + Sie

Man spricht zu einer Person oder zu mehreren Personen, die man siezt: Fremde, Respektspersonen …
Kommen Sie! Fahren Sie! Essen Sie! Reden Sie!

Wir-Imperativ:

wir-Form im Präsens + wir

Man macht einer Gruppe inklusive der eigenen Person einen Vorschlag.
Gehen wir! Fahren wir! Essen wir! Reden wir!

Gebrauch

- **Befehle und Aufforderungen:** Das klingt streng oder sogar unfreundlich. Meist verwendet man die Form, wenn schnelles Handeln wichtig ist.
  Lass das! Das tut mir weh.
  Passen Sie auf! Da kommt ein Auto.
- **Bitten:** Oft verwendet man zusätzlich das Wort **bitte**. Das klingt freundlicher. Die Kombination **doch bitte** macht das Gesagte intensiver.
  Bring mir (doch) bitte etwas Wasser!
  Ich habe das Protokoll vergessen. **Holen Sie** es (doch) bitte aus meinem Büro!
- **Vorschlag:** Wird der Imperativ mit **mal** oder **doch mal** kombiniert, macht man einen unverbindlichen Vorschlag, den die angesprochene Person annehmen oder ablehnen kann.
  Ruft mich (doch) mal **an**!
  Telefonieren wir (doch) mal!
- **Gute Wünsche:**
  Genießt den Urlaub! **Bleib** (bitte) gesund!

Vorschläge, bei denen der Sprecher sich selbst einbezieht, können auch mit dem Verb **lassen** ausgedrückt werden.

lass / lasst / lassen Sie + uns + Infinitiv

Lass(t) uns gehen/fahren/essen/reden!
Lassen Sie uns gehen/fahren/essen/reden!

Besonderheit

Bei allgemeinen Aufforderungen (meistens auf Schildern) verwendet man den **Infinitiv**.
Baustelle nicht **betreten**! Bitte nicht **stören**!
Nicht **öffnen**! Einfahrt **freihalten**!

Konjunktiv

Der Konjunktiv heißt auch Möglichkeitsform.
Das Deutsche kennt den **Konjunktiv I (K I)** und den **Konjunktiv II (K II)**.

Konjunktiv I

Man nennt ihn auch den Konjunktiv der **indirekten Rede**. Man verwendet ihn meist im Schriftlichen, um zu zeigen, was eine andere Person gesagt, gedacht oder gemeint hat.

Bildung

Gegenwart: Präsensstamm + -e / -est / -e / -en / -et / -en

Das Fernsehen berichtete, dass man weitere Probleme **befürchte**.

Vergangenheit: haben / sein im K I + Partizip II

Herr Kohl meinte, er **habe** das Geld nicht **genommen**.
Mona sagt, dass ihr Vater nach Paris **gefahren sei**.

Zukunft: werden im K I + Infinitiv

Die Polizei versicherte, dass man den Fall genau **untersuchen werde**.

Die Formen der Hilfsverben im Konjunktiv I

	sein	haben	werden
ich	sei	habe	werde
du	sei(e)st	habest	werdest
er / sie / es	sei	habe	werde
wir	seien	haben	werden
ihr	seiet	habet	werdet
sie / Sie	seien	haben	werden

Besonderheiten

- **Passiv im Konjunktiv I:** Die konjugierten Hilfsverben **sein** und **werden**, mit denen man das Passiv bildet, stehen im K I.
  Der Arzt sagte, der Patient **werde** sofort **geröntgt**.
  Der Patient sagte, er **sei** bereits **geröntgt worden**.
- Für eine **Aufforderung** bzw. einen Befehl in der indirekten Rede verwendet man **sollen im K I + Infinitiv.** Das klingt aber sehr formal und wird meist nur in geschriebenen Texten verwendet.
  Der Chef ordnete an, jeder **solle** heute seinen Schreibtisch aufräumen.

Gebrauch

Der K I wird meist im Schriftlichen verwendet.
Oft stehen im Hauptsatz Verben wie sagen, meinen, erklären, behaupten, versichern etc., die indirekte Rede im Nebensatz wird durch die Konjunktion **dass** eingeleitet.
Der Vater sagte seiner Tochter, **dass** sie um 20.00 Uhr zu Hause sein **solle**.

Die indirekte Rede kann auch als Nebensatz **ohne dass** stehen. Dann steht das Verb im K I auf Position 2.
Sie behauptete, es **gehe** ihr gut.

Indirekte Fragesätze, auf die man mit ja oder nein antwortet, werden mit der Konjunktion **ob** eingeleitet.
Die Reporter fragten, **ob** der Minister zurücktrete.

Achtung! Oft sind die Verbformen von K I und Indikativ identisch. Dann verwendet man den **K II**, um die indirekte Rede zu markieren, oder man benutzt **würde + Infinitiv**.
Der Kanzler erklärte, dass beide Minister im Amt **bleiben** → **blieben** → **bleiben würden**.

Beim Sprechen wird auf den Konjunktiv oft ganz verzichtet.
Mirko hat gesagt, dass er heute nicht ins Kino **geht**.

Konjunktiv II

Bildung

Für den Konjunktiv II sind die Form in der Gegenwart und die Form in der Vergangenheit wichtig.

K II der Gegenwart

Präteritumstamm + -e, -est, -e, -en, -et, -en

Die Personenendungen sind also dieselben wie im K I.

Bei vielen starken Verben wechselt zusätzlich der **Stammvokal:** a → **ä**, o → **ö**, u → **ü**.

ich besaß → ich **besäße**, ich bot → ich **böte**,
ich fuhr → ich **führe**, ich gab → ich **gäbe**,
ich kam → ich **käme**, ich nahm → ich **nähme** …
Ich **käme** früher **an**, wenn ich den Zug **nähme**.

K II der Vergangenheit

haben oder sein im K II + Partizip Perfekt

Er **hätte gewonnen**, wenn er nicht **gefallen wäre**.
Wir **wären** so gern nach Ägypten **gereist**.

Die Formen der Hilfsverben im Konjunktiv II

	sein	haben	werden
ich	wäre	hätte	würde
du	wär(e)st	hättest	würdest
er / sie / es	wäre	hätte	würde
wir	wären	hätten	würden
ihr	wär(e)t	hättet	würdet
sie / Sie	wären	hätten	würden

Alternative zum Konjunktiv II

Bei den regelmäßigen Verben ist die Form des K II identisch mit dem Präteritum. Daher wird stattdessen meistens **werden im K II + Infinitiv** benutzt.
Wenn ich mehr Zeit hätte, dann **kaufte** ich die Zeitung. → … dann **würde** ich die Zeitung **kaufen**.

Beim Sprechen verwendet man auch bei den starken Verben meist **werden im K II + Infinitiv**.
Gingest du mit mir zu diesem Konzert? → **Würdest** du mit mir zu diesem Konzert **gehen**?

Bei den **Modalverben** wird die Alternative mit werden im K II in der Regel nicht benutzt.
Ich **könnte / wollte / dürfte / möchte / sollte / müsste** heute früher nach Hause gehen.
(**Nicht:** Ich würde … gehen können/wollen …)

Passiv im Konjunktiv II

Gegenwart: werden im K II + Partizip II

Wenn unsere Stadt mehr Geld hätte, **würde** hier ein Schwimmbad **gebaut**.

Vergangenheit: sein im K II + Partizip II + worden

Der Wagen **wäre** nicht **gestohlen worden**, wenn er **abgeschlossen worden wäre**.

Konjunktiv II mit Modalverben

Gegenwart: Modalverb im K II + Infinitiv

Ich **könnte** besser **schlafen**, wenn es leiser wäre.
Solltest du jetzt nicht in der Besprechung **sein**?

Vergangenheit: haben im K II + Infinitiv + Modalverb im Infinitiv

Hätte er Lotto gespielt, **hätte** er dieses Mal mehr als zwei Millionen Euro **gewinnen können**.

Gebrauch

- **Höfliche Bitte:** Ein Modalverb oder **werden** steht im **K II.** Das Vollverb steht im Infinitiv.
  Würden Sie mir **helfen**?
  Könnten Sie bitte das Fenster **öffnen**?
- **Höfliche Ratschläge: sollen** steht im K II. Das Vollverb steht im Infinitiv.
  Du **solltest** besser eine Tablette **nehmen**. Und wenn du müde bist, dann **solltest** du ins Bett **gehen**.
- **Irreale Aussagen:** Der K II beschreibt, was (nicht) möglich wäre, wenn die Umstände oder Bedingungen anders wären.
  Wenn wir einen Garten **hätten**, würde ich einen Pool bauen.
  Hätte ich bloß keine Aktien **gekauft**!
- **Irrealer Vergleich:** Wenn man eine reale Situation mit einer fiktiven Situation vergleicht, steht der Vergleich im K II. Der Vergleich wird mit den Konjunktionen **als ob**, **wie wenn**, **als wenn** oder **als** (mit dem Verb auf Position 2) eingeleitet.
  Es sieht so aus, **als ob / wie wenn / als wenn** es bald **schneien würde**.
  Deine Fotos sind so gut, **als wärst** du ein …

Stammformen, Verbstamm, Stammvokal und Partizip II

Jedes Verb hat **drei Stammformen**. An diesen Stammformen kann man erkennen, wie ein Verb konjugiert wird. Diese drei Stammformen sind:

1. Stammform: Infinitiv (sie steht im Lexikon)
2. Stammform: ich-Form des Präteritums
3. Stammform: Partizip II

Jede dieser Stammformen hat einen **Verbstamm**:

- Die 1. Stammform, der Infinitiv, enthält den **Präsensstamm**, der zur Bildung der Präsensformen benutzt wird.
- Die 2. Stammform, die ich-Form des Präteritums, enthält den **Präteritumstamm**, der zur Bildung der Präteritumformen benutzt wird.
- Die 3. Stammform, das Partizip II, enthält den **Perfektstamm**.

Jeder Verbstamm enthält einen Vokal (oder Doppelvokal), den man **Stammvokal** nennt.

Bei den **schwachen (= regelmäßigen) Verben** bleiben der Verbstamm und sein Stammvokal in allen Stammformen **unverändert**.

1. Stammform: **atm**en, **spiel**en, **wohn**en …
2. Stammform: ich **atm**ete, ich **spiel**te, ich **wohn**te …
3. Stammform: ge**atm**et, ge**spiel**t, ge**wohn**t …

Bei **starken (= unregelmäßigen) Verben** ändert sich der Stammvokal, manchmal ändert sich auch der ganze Verbstamm.

1. Stammform: **bleib**en, **find**en, **geh**en …
2. Stammform: ich **blieb***, ich **fand***, ich **ging*** …
3. Stammform: ge**blieb**en, ge**fund**en, ge**gang**en …

* Die ich-Form des Präteritums ist bei starken Verben endunglos und entspricht deshalb dem Präteritumstamm (➔ Präteritum, Seite 3).

Merken Sie sich bei jedem Verb die drei Stammformen. Merken Sie sich zusätzlich die du-Form des Präsens, weil sich bei einigen starken Verben in der du- und in der er/sie/es-Form im Präsens der Vokal ändert (➔ Präsens, Seite 1).
sagen, du sagst, ich sagte, gesagt
kommen, du kommst, ich kam, gekommen
treffen, du triffst, ich traf, getroffen

Die 3. Stammform: Das Partizip II

Das Partizip II (Partizip Perfekt) braucht man für das Perfekt, das Plusquamperfekt, das Futur II, das Passiv, den Konjunktiv I der Vergangenheit und den Konjunktiv II der Vergangenheit.

Bildung

bei starken Verben:
ge- + Perfektstamm + -en
sehen: **ge**seh**en** — kommen: **ge**komm**en**
bei schwachen Verben und Mischverben*:
ge- + Perfektstamm + -(e)t
kaufen: **ge**kauf**t** — bringen: **ge**brach**t**

*** Mischverben** verändern den Stammvokal wie die starken Verben, sie erhalten aber im Präteritum die Endungen der schwachen Verben (➔ Präteritum, Seite 3) und bilden das Partizip II wie die schwachen Verben.

Besonderheiten:

- Bei **Verben mit trennbarem Präfix** wird **ge-** zwischen Vorsilbe und Stamm eingeschoben.
  an**ge**reist, ein**ge**laden, fern**ge**sehen, zu**ge**hört …
- Bei **Verben mit untrennbarem Präfix** erhält das Partizip II kein **ge-**.
  besucht, **ent**schieden, **ver**kauft, **zer**rissen …
- Die **Verben auf -ieren** erhalten ebenfalls kein **ge-**.
  diskutiert, probiert, qualifiziert, studiert …

Tempus der Vergangenheit

Es gibt drei Zeitformen der Vergangenheit: das **Präteritum** und die zusammengesetzten Zeitformen **Perfekt** und **Plusquamperfekt**.

Perfekt

Das Perfekt ist die Zeitform der Vergangenheit, die am häufigsten beim **Sprechen und Schreiben im Alltag** verwendet wird.

Bildung

Präsens von haben oder sein + Partizip II

Ich **habe** Jazzmusik **gehört**.
Er **ist** spät nach Hause **gekommen**.

Perfekt mit *haben*

Die meisten Verben bilden das Perfekt mit **haben**. Dazu gehören:

- **Verben mit Dativ- und/oder Akkusativobjekt**
  Karin **hat** ihrem Mann nichts **erzählt**.
  Wir **haben** gestern ein Wildschwein **gesehen**.
- **Verben ohne Dativ- oder Akkusativobjekt, die keine Orts- oder Zustandsveränderung bezeichnen.**
  Ihr **habt** heute lange **gearbeitet**.
  Vor einer Minute **hat** es **geblitzt**.
- **reflexive Verben**
  Ich **habe** mich sehr **beeilt**.
  Ich **habe** mich wahnsinnig **gefreut.**
- **die Verben anfangen, beginnen, aufhören, abnehmen, zunehmen**
  Vorhin **haben** die Schmerzen **aufgehört**, und jetzt **haben** sie wieder **angefangen**.
- **alle Modalverben**
  Das **habe** ich nicht **gewollt**.
  Ich **habe** etwas erledigen **müssen**.

Perfekt mit *sein*

Das Perfekt mit **sein** bilden vor allem Vorgangsverben. Dazu gehören:

- **Verben der Bewegung ohne Dativ- oder Akkusativobjekt**
  Wir **sind** oft im Meer **geschwommen**.
  Er **ist** weit **gefahren**.
  Ebenso: gehen, fliegen, folgen, laufen, reisen …

  Aber: fahren und fliegen bilden das Perfekt mit haben, wenn ein Akkusativobjekt dabeisteht:
  Ich **habe** die Kinder nach Hause **gefahren**.
- **Verben der Veränderung ohne Dativ- oder Akkusativobjekt**
  Wann **bist** du **aufgewacht**?
  Sie **ist** genau heute vor einem Jahr **gestorben**.
  Ebenso: aufstehen, aufwachen, ankommen, einziehen, wachsen, verblühen, einschlafen, werden …
- **einige Vorgangsverben mit Dativobjekt**
  Was **ist** Ihnen denn **geschehen**?
  Mir **ist** etwas **aufgefallen**.
  Ebenso: passieren, gelingen, begegnen …
- **die Verben sein und bleiben**
  Du **bist** aber lange im Urlaub **gewesen**.
  Wir **sind** drei Tage in Köln **geblieben**.

Gebrauch

Man benutzt das Perfekt vor allem

- **beim Sprechen im Alltag** für vergangene Handlungen, Vorgänge und Zustände.
  Hast du es schon **erfahren**? Marek **ist** nach München **umgezogen**, weil er dort eine Stelle bei Siemens **gefunden hat**.
- beim Schreiben von **persönlichen oder halbformellen Texten**, z. B. E-Mails, Briefen, kurzen Mitteilungen.
  Heute **habe** ich deinen Brief **erhalten**.
  Ihre E-Mail **habe** ich sofort **weitergeleitet**.
  Für Samstag **haben** wir eine Party **geplant**, zu der wir Sie gern einladen würden.
  Ich **habe** gestern **versucht**, dich anzurufen, aber du **hast** dich nicht **gemeldet**.
- selten auch für **allgemeine Aussagen**.
  Jeder Mediziner **hat studiert**.
  Ein Unfall **ist** so schnell **geschehen**.
- mit **Zeitadverbien am Satzanfang** kann das Geschehen auch in die **Zukunft** verlegt werden.
  Morgen **hat** er die Renovierung endlich **geschafft**.
  In einer Stunde **habe** ich alle Einkäufe **erledigt**.

Plusquamperfekt

Das Plusquamperfekt markiert die Vorzeitigkeit in Bezug auf ein anderes Geschehen in der Vergangenheit. Man benutzt es meist beim Schreiben zusammen mit dem Präteritum.

Bildung

Präteritum von haben oder sein + Partizip II

Als Max **ausgeschlafen hatte**, duschte er lange.
Nachdem alle Gäste **gegangen waren**, räumte Sonja die Küche auf.

Plusquamperfekt mit *haben* oder *sein*

Hier gelten dieselben Regeln wie bei der Bildung des Perfekts.

Gebrauch

Mit dem Plusquamperfekt drückt man aus, dass ein **Geschehen noch vor einem anderen Geschehen** in der Vergangenheit stattfand. Es steht fast immer zusammen mit einem Satz im Präteritum oder (seltener) im Perfekt.
Nachdem die letzten Gäste **gegangen waren**, räumte ich die Wohnung auf.
Wir **hatten** uns so sehr auf den Ausflug **gefreut**, aber dann wurde mein Sohn krank. Windpocken!

Das Plusquamperfekt kann in einem **Haupt- oder Nebensatz** stehen.

Plusquamperfekt im Hauptsatz Sie **hatte** die Hoffnung auf ein Baby schon **aufgegeben**,	**Präteritum im Nebensatz** als sie plötzlich schwanger wurde.
Präteritum im Hauptsatz Sie wurde plötzlich schwanger,	**Plusquamperfekt im Nebensatz** als sie die Hoffnung schon **aufgegeben hatte**.
Plusquamperfekt im Hauptsatz Sie **hatte** die Hoffnung schon **aufgegeben**.	**Präteritum im Hauptsatz** Da bekam sie doch noch ein Baby.

Das Plusquamperfekt wird in der Umgangssprache manchmal **statt des Perfekts** benutzt.
(Im Restaurant:) Wir **hatten** (statt haben) einen Tisch **reserviert**.
Das alles **hatte** (statt habe) ich dir ja gestern schon **gesagt**.
Hatten (statt haben) wir einen Termin **vereinbart**?
Ich **war** (statt bin) heute schon auf dem Markt **gewesen**.

Besonderheiten bei Perfekt und Plusquamperfekt

Für Plusquamperfekt und Perfekt gilt für die Stellung der Verben im Satz: Wenn das Prädikat (= Satzaussage mit allen dazugehörigen Teilen) **zwei Vollverben** oder ein **Vollverb und ein Modalverb** enthält, wird **nur das Hilfsverb konjugiert**. Die Vollverben und das Modalverb stehen im Infinitiv.

- **Im Hauptsatz steht das Hilfsverb in 2. Position, die anderen Verben am Satzende.**
  Leider **habe/hatte** ich gestern nicht **kommen können**.
  Ich **habe/hatte** gestern **spazieren gehen wollen**, doch dann kam das Gewitter.
- **Im Nebensatz stehen alle Verben zusammen am Satzende. Das konjugierte Hilfsverb steht vor den Infinitiven.**
  Obwohl er seine Eltern **hat/hatte besuchen wollen**, musste er wegen einer Grippe zu Hause bleiben.
  Da der Hausbesitzer ihn nicht **hatte kommen hören**, gelangte der Einbrecher ungestört ins Haus.

➔ siehe auch Seite 3

Die Zeiten im Überblick an den Beispielverben *fragen* (schwaches transitives Verb) **und *bleiben*** (starkes intransitives Verb)

VERGANGENHEIT

AKTIV

Plusquamperfekt	Präteritum	Perfekt
er hatte gefragt	er fragte	er hat gefragt
er war geblieben	er blieb	er ist geblieben

Konjunktiv I der Vergangenheit
er habe gefragt
er sei geblieben

Konjunktiv II der Vergangenheit
er hätte gefragt
er wäre geblieben

PASSIV

Plusquamperfekt	Präteritum	Perfekt
er war gefragt worden 1)	er wurde gefragt	er ist gefragt worden 1)

Konjunktiv I der Vergangenheit
er sei gefragt worden 1)

Konjunktiv II der Vergangenheit
er wäre gefragt worden 1)

GEGENWART

AKTIV

Präsens
er fragt
er bleibt

Konjunktiv I der Gegenwart
er frage
er bleibe

Konjunktiv II der Gegenwart
er fragte / er würde fragen
er bliebe / er würde bleiben

PASSIV

Präsens
er wird gefragt

Konjunktiv I der Gegenwart
er werde gefragt

Konjunktiv II der Gegenwart
er würde gefragt

ZUKUNFT

AKTIV

Futur II	Futur I
er wird gefragt haben	er wird fragen
er wird geblieben sein	er wird bleiben

Konjunktiv I des Futurs II	Konjunktiv I des Futurs I
er werde gefragt haben	er werde fragen
er werde geblieben sein	er werde bleiben

Konjunktiv II des Futurs II 2)	Konjunktiv II des Futurs I
er würde gefragt haben	er würde fragen
er würde geblieben sein	er würde bleiben

PASSIV

Futur II	Futur I
er wird gefragt worden 1) sein	er wird gefragt werden

Konjunktiv I des Futurs II 2)	Konjunktiv I des Futurs I
er werde gefragt worden 1) sein	er werde gefragt werden

Konjunktiv II des Futurs II 2)	Konjunktiv II des Futurs I
er würde gefragt worden 1) sein	er würde gefragt werden

1) **Achtung:** Im Passiv heißt das **Partizip II** von werden nicht ~~geworden~~, sondern **worden**. Intransitive Verben, z. B. bleiben, können kein persönliches Passiv bilden.

2) Diese Formen werden fast nie benutzt.

ISBN 978-3-12-**562802**-1

9 783125 628021

Auf einen Blick – DEUTSCH Zeiten

Redaktion: Corinna Löckle-Götz
Layout/Satz: Bettina Herrmann, Stuttgart/ Petra Michel, Essen
Druck: Achilles, Celle

PONS AUF EINEN BLICK **Deutsch** **Zeiten**